DISCOURS

PRONONCÉ PAR

M. Auguste THOLANCE

Gouverneur p. i. de la Cochinchine

à l'ouverture de la Session ordinaire

du Conseil Colonial

LE 6 Octobre 1924

DISCOURS

PRONONCÉ PAR

M. AUGUSTE THOLANCE

Gouverneur p. i. de la Cochinchine

à l'ouverture de la Session ordinaire

du Conseil Colonial

LE 6 OCTOBRE 1924

Messieurs les Conseillers coloniaux,

Appelé, pendant la courte absence de M. le Gouverneur Cognacq, à présider, durant quelques mois, aux destinées de notre belle Colonie, je tiens à vous exprimer tout d'abord combien il m'est agréable d'avoir à partager les travaux d'une Assemblée où je retrouve tant de figures amies.

La plupart d'entre vous me connaissent depuis de longues années déjà. Vous m'avez vu à l'œuvre soit en province, soit à Saigon même, dans les différentes fonctions qui m'ont été successivement confiées. Vous connaissez mon attachement passionné pour ce pays, qui prend jusqu'aux moëlles tous ceux qui y vivent et qui y peinent. Vous savez que je ne crains ni le travail ni les responsabilités et que vous pouvez entièrement compter sur ma loyale collaboration.

C'est en toute confiance que, de mon côté, je fais appel à votre expérience des affaires, à votre connaissance des besoins et des aspirations de ce pays, pour lui assurer de bonnes finances, résoudre les problèmes de l'heure présente et préparer l'avenir. On ne peut attendre, je le sais, que d'heureuses résolutions du Conseil colonial, qui a déjà donné tant de preuves de son dévouement à la Cochinchine, de son esprit d'ordre et de sa clairvoyante sagesse.

Messieurs, il n'appartient pas à un intérimaire, dont la passagère présence à la tête de notre Colonie doit être de courte durée, de faire preuve d'initiative gouvernementale et de soumettre à vos délibérations un programme personnel de développement politique, économique et social.

Au surplus, depuis un quart de siècle, la politique coloniale de la France, toute d'action bienfaisante et tutélaire, n'a point varié. Elle a été trop de fois exposée, et avec trop d'éclat, par les hommes d'Etat éminents qui se sont succédés au Ministère des Colonies ou en Indochine pour qu'il soit nécessaire d'en rappeler ici les principes. Les hommes peuvent changer, les événements se précipiter, le clair visage de la France reste toujours penché avec tendresse vers ses enfants d'adoption. La grande guerre elle-même, qui a bouleversé si profondément le monde entier, n'a pu la détourner un seul instant de la noble tâche de solidarité humaine qu'elle a assumée dans les pays qui se sont placés sous son égide. Malgré l'horreur des batailles qui ont ensanglanté son sol et ravagé ses plus belles régions, malgré les difficultés presque inextricables dans lesquelles se débattent depuis l'armistice les nations alliées, elle a continué, comme par le passé, à faire régner dans tout son immense empire colonial «la paix française», dont les meilleurs instruments sont la justice et la bonté. Fidèle à la mission qu'elle s'est donnée, elle n'a cessé durant les heures les plus tragiques de son histoire de travailler à l'émancipation de ses protégés en les mettant à même de lutter contre la misère, la maladie et l'ignorance, et en les associant progressivement, à mesure de leur capacité, à son effort civilisateur.

En ce qui concerne plus particulièrement la Cochinchine, ma tâche est simple et parfaitement tracée. Elle doit consister à poursuivre, avec votre concours, l'exécution du programme, si sage et si pleine de promesses, établi, dès sa prise de service, par M. le Gouverneur Cognacq et que vous avez entièrement approuvé. Les résultats obtenus depuis deux ans nous sont un sûr garant de l'avenir. Nous sommes dans la bonne voie. A nous d'y persévérer.

Mais si mon court passage au Gouvernement de la
Cochinchine m'interdit tout programme personnel de
longue durée, il est de mon devoir de vous tracer, au
seuil de vos délibérations, uu tableau fidèle et complet de la
situation actuelle de notre Colonie.

Situation politique.

Durant l'année qui s'est écoulée depuis votre dernière
session, la situation politique en Cochinchine a été, dans
son ensemble, pleinement satisfaisante. La profonde agi-
tation qui trouble gravement, depuis . plusieurs années
les pays voisins : Chine, Philippines, Inde anglaise, n'a eu,
jusqu'ici qu'un faible écho dans notre heureuse Colonie.
Celle-ci n'a cessé, en effet, de jouir de la plus grande
tranquillité politique et sociale, grâce à la solidité du
loyalisme et au bon esprit d'une population qui ne saurait se laisser éblouir par les promesses fallacieuses de
pêcheurs en eau trouble ou de théoriciens dangereux qui
prétendent, pour reconstruire le monde sur des bases
nouvelles, le précipiter tout d'abord dans l'anarchie et
dans la ruine.

Très attaché à sa terre, le paysan annamite, avec son
bon sens qui ne manque pas de finesse et son amour
sincère de la paix, n'aspire actuellement qu'à poursuivre
dans le calme et la sécurité la mise en valeur du sol si
riche qui lui appartient et que ses efforts persévérants
améliorent chaque jour. La zone des cultures s'étend avec
une merveilleuse rapidité, et dans bien des régions qui,
hier encore, étaient couvertes de brousse et de marais, se
déroule aujourd'hui le verdoyant tapis des rizières ou la
sombre forêt des hévéas.

Les actes de banditisme, malheureusement encore trop
fréquents, bien que leur nombre ait sensiblement diminué
grâce aux mesures prises depuis deux ans, constituent
des faits isolés, comme il s'en produit, en tout temps et
dans tous les pays, même les plus civilisés. Au surplus,
l'abaissement très marqué de la moralité publique que

l'on constate en ce moment chez presque tous les peuples a été beaucoup moins sensible en Cochinchine que partout ailleurs.

Le loyalisme de la grande masse de nos protégés est donc indéniable. C'est un sentiment assez confus que la plupart des indigènes seraient incapables de définir, mais qui existe. Il résulte tout naturellement de la comparaison qu'ils peuvent faire entre leur état ancien et leur situation actuelle. Notre présence les enrichit. Elle leur apporte l'ordre et la sécurité et ils ne sont pas sans se rendre compte qu'au milieu de la tourmente formidable qui ébranle le monde depuis dix ans, les pays sur lesquels la France, généreuse et libérale, a étendu sa main tutélaire, sont parmi les plus tranquilles et les plus prospères.

Ce qui est à la base des sentiments que nos protégés nourrissent à notre égard, c'est donc le désir de voir se maintenir un état de chose qui, tout en étant pour eux une source précieuse de richesses, leur permet l'exercice des libertés les plus essentielles.

Il est d'ailleurs logique qu'il en soit ainsi dans un pays où le souvenir des calamités d'autrefois ne s'est pas encore effacé dans toutes les mémoires. Notre présence en Cochinchine ne remonte pas encore assez haut pour que les vieillards qui ont assisté à notre établissement dans ce pays aient complètement oublié les maux dont ils souffraient naguère et dont la piraterie, les épidémies et la famine étaient les plus fréquents. Les transformations réalisées dans notre Colonie, depuis un demi-siècle, ont été assez rapides pour que les hommes d'un certain âge aient pu les suivre dans leur développement et en apprécier les résultats. Qu'on y ajoute les commodités de l'existence par nous apportées et qui font naître dans les cœurs cette joie de vivre qu'on ne connaît plus guère dans certains pays plus favorisés jusqu'ici, mais où la lutte pour la vie est devenue plus âpre et plus dure, et on comprendra qu'il y a bien là de quoi créer un véritable attachement, intéressé pour une part si l'on veut, mais qui n'en est pas moins solide.

Tels sont à n'en pas douter les sentiments de la grande masse indigène. Tant que nous travaillerons à la mise en valeur de leur pays et au développement de sa prospérité, tant que nous assurerons la sécurité de leurs biens et de leurs personnes, nos protégés resteront sourds aux sollicitations et aux provocations d'une poignée d'agitateurs animés d'une malsaine ambition et non d'un véritable amour pour leur patrie. La population honnête et laborieuse de la Colonie, se souciant peu de courir de dangereuses aventures, restera très loyalement attachée à la France, dont elle sait apprécier, à leur juste valeur, la générosité et les bienfaits. La mise en valeur de la Cochinchine, en enrichissant ses habitants, sera donc le meilleur antidote contre toute propagande de révolte et d'indépendance, qui aboutirait fatalement au désordre et à la ruine.

Mais si cette politique éminemment réaliste est de nature à nous attacher les grandes masses, elle ne saurait suffire à contenter entièrement l'élite indigène qui commence à se former au dessus d'elles, grâce à la diffusion de plus en plus grande de l'instruction. Cette élite, encore clairsemée, mais qui deviendra de plus en plus nombreuse, n'a pas seulement des besoins matériels à satisfaire. Elle commence à voir aussi certaines aspirations morales, que nous ne saurions négliger. Les grands principes de droit, de justice et de liberté pour le triomphe desquels nous avons combattu pendant cinq ans avec tant d'héroïsme ont fini par pénétrer dans les milieux intellectuels indigènes. Aussi des tendances nouvelles se sont-elles manifestées chez ceux qui commencent à constituer la classe dirigeante annamite.

A part quelques extrémistes, qui n'osent d'ailleurs pas avouer le véritable fond de leurs pensées, les intellectuels annamites ne désirent pas notre départ de ce pays. Ils se rendent parfaitement compte que, si la France abandonnait l'Indochine, celle-ci ne tarderait pas à devenir la proie de quelqu'autre nation moins humaine et moins généreuse. Ils savent aussi que, même s'il en devait être autrement, ils seraient incapables, livrés à eux-mêmes,

sans direction et sans soutien, de continuer et de mener
à bonne fin l'œuvre entreprise. Ils ne se font sur ce point
aucune illusion. Le souvenir d'un passé encore relativement récent est là pour leur faire comprendre ce que
serait pour eux un pareil avenir.

Cet état d'esprit, ces sentiments de la population indigène viennent d'être affirmés avec force au cours de la
belle manifestation de loyalisme et d'union qui a eu lieu
à Saigon lors du récent séjour parmi nous du Chef de la
Colonie, et à laquelle assistaient une centaine de nota-
bilités annamites appartenant aux Assemblées locales,
à l'Administration, à l'Agriculture, au Commerce et à
l'Industrie.

L'élite indigène a saisi avec empressement cette occasion
de manifester publiquement sa réprobation contre l'abo-
minable forfait de Canton et d'affirmer son respectueux
attachement à la personne de notre Gouverneur général,
ainsi que sa filiale affection envers la France.

Parlant au nom de cette délégation qui représentait
l'ensemble de la population indigène, l'un des vice-prési-
dents de votre Assemblée, M. le Docteur Lê-quang-Trinh,
après avoir rappelé toutes les œuvres de progrès que la
France a fait fleurir, sur cette terre d'Annam, s'exprimait
ainsi :

« Sous l'égide de la France tutélaire, qui nous prodigue
« ses sages directions, notre pays est sorti de cet isolement
« léthargique qui paralysait son essor et, sur les rives du
« Pacifique, l'Indochine commence à prendre figure de
« grande nation. Cette rapide métamorphose, qui nous
« permet d'augurer un avenir de prospérité et de puissance,
« nous le devons à la chaude sollicitude de la France qui
« ouvrit nos yeux sur le monde. Il n'est pas de gratitude
« assez profonde pour payer un tel bienfait et c'est de notre
« infinie reconnaissance que nous venons aujourd'hui,
« Monsieur le Gouverneur Général, vous apporter la plus
« sincère affirmation. Nous avons adhéré de plein cœur à
« cette formule si féconde de collaboration franco-annamite

« dont vos prédécesseurs et vous-même nous avez fait
« pénétrer le sens profond, en même temps que le déve-
« loppement prodigieux de notre pays nous en faisait
« apprécier les merveilleux effets ».

Messieurs, les Annamites qui pensent et raisonnent sage-
ment ne réclament donc pas une indépendance qui serait
pour eux le plus décevant et le plus dangereux des présents.
Ce qu'ils nous demandent, c'est que, tout en continuant à
nous consacrer à la mise en valeur de leur pays, nous les
aidions à faire leur éducation politique, économique et
sociale, nous leur apprenions à gérer peu à peu, eux-mêmes,
leurs affaires et nous leur fassions une part de plus en plus
large dans les fonctions publiques à mesure qu'ils devien-
dront aptes à les exercer. Il n'y a là rien qui ne soit
parfaitement légitime et raisonnable.

Le régime politique et administratif de notre Colonie ne
doit point se cristalliser dans sa forme actuelle. Il devra
se transformer fatalement comme toutes les institutions
humaines et la tutelle de la France devra s'élargir au fur et
à mesure que son enfant d'adoption grandira et se dévelop-
pera. C'est là la politique profondément humaine et libérale
suivie dans ce pays depuis 20 ans et qui a été si heureusement définie par M. Albert Sarraut dans le magistral exposé
du projet de loi présenté par lui au Parlement pour assurer
la mise en valeur de nos colonies, et qui restera comme le
monument même de la doctrine coloniale de la France.

Mais toutes ces transformations ne sauraient être l'œuvre
d'un jour. Entre le piétinement stérile et les réformes
aventureuses doivent trouver place de patientes et succes-
sives améliorations. Pour faire œuvre utile et durable, il
faut se garder de vouloir réaliser des changements trop
brusques, qui choqueraient violemment les traditions
héréditaires de nos protégés. A vouloir brûler les étapes,
on risquerait de troubler profondément les masses indigènes. En cönstruisant trop hâtivement la maison, on en
compromettrait dangereusement l'équilibre. Il faut savoir
ménager les transitions et éviter les à-coups qui créent la
confusion et le désordre et entravent l'évolution harmonieuse des collectivités humaines.

Ce sont ces vérités essentielles que M. le Gouverneur
Général Merlin rappelait dans un éloquent discours adressé,
il y a quelques mois, à Hanoi, aux membres de l'Association
pour la formation intellectuelle et morale des Annamites.
Après avoir déclaré que la France, fidèle à sa mission bienfaisante et civilisatrice, ne renie rien des promesses qu'elle
a faites à ses protégés, après avoir affirmé aussi qu'elle entend
consacrer sa force et son génie créateur à faciliter l'évolution du peuple annamite en l'instruisant et en l'élevant peu
à peu jusqu'à elle, M. Merlin ajoutait :

« Nous vous demandons seulement d'avoir la patience
« et la persévérance nécessaires à la réussite des grandes
« entreprises. Rome ne s'est pas faite en un jour. Ce n'est
« pas en quelques années que peut se réaliser l'accession
« d'un peuple attardé dans une civilisation ancienne aux
« formes nouvelles et si différentes de la vie moderne. En le
« comprenant, il faut que vous soyez bien convaincus que
« nous n'obéissons pas à l'égoïste préoccupation de retar-
« der la marche de vos progrès, mais à la volonté d'en
« assurer sans secousse et sans recul la réalisation rapide
« et harmonieuse. Dans la griserie qui naît dans les intelli-
« gences les mieux équilibrées de la brusque compréhen-
« sion des idées et des découvertes de la science moderne,
« rien ne serait plus dangereux pour vous que de vouloir
« transporter telles quelles sur la terre d'Asie les formes
« de la civilisation occidentale. Tout un travail d'adapta-
« tion est nécessaire pour que votre génie, en se déve-
« loppant au contact de l'étranger, conserve l'originalité
« technique qui sera la condition de sa force».

Messieurs, ces paroles empreintes d'une haute sagesse,
fruit d'une longue expérience, ont été parfaitement com-
prises, j'en suis sûr, par l'ensemble de l'élite indigène. Mais
cela ne suffit pas ; il importe aussi de faire pénétrer ces
vérités dans la grande masse de la population. C'est à vous,
Messieurs les Conseillers indigènes, dont la culture étendue, le loyalisme et le dévouement à nos institutions nous
sont connus, c'est à tous les Annamites instruits : fonctionnaires, notables, propriétaires, commerçants et industriels,

qu'il appartient de propager ces idées. Pour cette équitable et saine propagande, vous devez votre aide à la Grande Nation qui apporte les bienfaits de la civilisation et du progrès à ce pays de Cochinchine, auquel elle entend conserver, avec son affection, l'appui de sa protection et de sa force. Je suis, d'ailleurs, convaincu que vous n'hésiterez pas un seul instant à nous prêter pour cette tâche votre concours le plus dévoué, dans un sentiment de confiante et loyale collaboration.

Situation financière.

Grâce à l'union de toutes les bonnes volontés, l'Administration locale pourra poursuivre dans le calme et dans l'ordre le développement économique et social de notre belle colonie. Mais pour mener à bien l'œuvre entreprise, des moyens d'action puissants sont nécessaires et pour cela il nous faut de bonnes finances.

En abordant l'examen de la situation financière de la colonie, je vous demanderai, Messieurs, de me permettre de vous exposer brièvement ce qu'elle était hier et ce qu'elle est aujourd'hui.

Dans toute colonie qui poursuit son organisation méthodique, aux efforts déployés dans les différentes branches de l'activité administrative, économique et sociale, correspond une élévation parallèle et progressive des charges budgétaires. A mesure que ses services se développent et que se perfectionne son outillage, ses dépenses augmentent forcément, si bien que cette augmentation régulière est le plus souvent un signe non équivoque des progrès qu'elle a pu réaliser et une preuve aussi de sa croissante prospérité. C'est ce qui se passe en Cochinchine depuis un demi-siècle.

Mais, en dehors de ces causes normales et constantes qui grèvent chaque année davantage les finances publiques, et dont un pays en pleine évolution ne peut éviter les effets, deux autres facteurs ont influé dans ces dernières années sur l'équilibre budgétaire de la Cochinchine. Ce sont, en premier lieu, la réorganisation administrative et financière de 1911, d'où est sortie la charte organique qui régit actuellement l'Indochine, et, en second lieu, les conséquences inévitables de la dernière guerre.

Les décrets de 1911 ont accru très sensiblement les dépenses de personnel des budgets locaux. Dès leur promulgation, le transfert au budget de notre Colonie des dépenses afférentes aux Services de la Justice, du Trésor, des Forêts, de la Gendarmerie et des Travaux publics le greva de 1.760.173 piastres de charges nouvelles, alors qu'il ne bénéficia en retour que de 220.000 piastres de recettes correspondantes, provenant du produit des Forêts, des droits de Greffe et des amendes judiciaires. D'autre part, la guerre a provoqué une hausse générale du prix des matières premières et des produits ouvrés, ainsi qu'un renchérissement considérable du coût de la vie, qui a nécessité la révision des tarifs de solde du personnel français et du personnel indigène, d'où est résultée une très sensible aggravation des charges budgétaires.

Or, les seuls revenus sur lesquels la Colonie peut compter pour alimenter son budget sont constitués par les impôts directs et les taxes assimilées, dont la progression est relativement lente. Si on compare, en effet, le rendement de ces impôts et de ces taxes en 1912 et 1920, on ne constate qu'un accroissement de 656.000 piastres, alors que les dépenses ont accusé au cours de la même période une augmentation de 2.253.000 piastres.

L'écart entre ces deux chiffres, qui se montait à 1.867.000 piastres en 1920, était si important que la Colonie a dû se résoudre, il y a 4 ans, à faire l'effort financier considérable, qui seul pouvait lui procurer les ressources indispensables pour faire face à toutes ses charges. Elle espérait également réaliser du même coup l'autonomie financière qui lui permettrait enfin de poursuivre elle-même, à l'aide de ses seules ressources, sa mise en valeur et son expansion économique.

Je ne reviendrai pas sur les mesures fiscales prises en 1920. M. le Gouverneur Cognacq vous a entretenus longuement de ce sujet au cours de vos dernières sessions. Mais ce sur quoi je tiens à insister aujourd'hui, c'est que, malgré cet effort des plus méritoires, le but visé n'a pas encore été entièrement atteint. Certes, cette réforme fiscale a procuré à notre Colonie d'importantes ressources nouvelles. Elle a facilité l'équilibre des budgets de 1921 et de 1922. Mais à présent que l'assiette des divers impôts est mieux assise, que trois années d'expériences ont permis de connaître exactement la matière imposable, on est bien obligé de reconnaître que le budget local n'a pas encore acquis l'élasticité qu'il devrait avoir. Les chiffres que je vais vous donner confirmeront d'ailleurs cette appréciation.

A ne considérer que les revenus propres de la Colonie,

l'exercice	1919 a produit	7.870.797 $ 00
—	1920 —	9.093.766 00
—	1921 —	12.638.824 00
—	1922 —	12.441.958 00
—	1923 —	10.899.279 00

La progression a donc été de 222.969 piastres de 1919 à 1920, et de 3.545.060 piastres de 1920 à 1921, première année d'application de la réforme fiscale. Par contre, les recettes fléchissent de 176.866 piastres en 1922 et de 1.542.679 piastres en 1923.

Dans le même laps de temps, les dépenses ordinaires de la Colonie se sont élevées à :

7.709.120 $ 00	en	1919
9.327.529 00	en	1920
12.178.059 00	en	1921
12.781.721 00	en	1922
12.459.854 00	en	1923

Le produit des impôts tendant vers une constante résultant de l'équilibre qu'a pris l'assiette des contributions n'a donc pas suivi la marche ascendante des dépenses. Aussi, durant les années 1922 et 1923, les charges de la Colonie ont-elles été nettement supérieures à ses revenus et vous savez, Messieurs, que l'Administration a dû recourir à l'aide du budget général et à celle de la Caisse de réserve pour équilibrer les comptes de ces deux exercices.

Ces fonds de concours et ces prélèvements se sont élevés à 1.791.251 piastres en 1919, 2.056.153 piastres en 1920 et à 572.958 piastres en 1921. Mais ils sont remontés à 1.343.637 piastres en 1922, à 1.625.749 piastres en 1923, pour atteindre, en 1924, 1.996.000 piastres.

Quand il s'est agi d'établir le projet de budget pour l'exercice 1925, l'Administration locale s'est trouvée aux prises avec de nouvelles difficultés du fait que la Caisse de réserve n'a pu jouer cette année, comme précédemment, son rôle ordinaire de régulateur. Après les importants prélèvements effectués pour doter le budget de 1924 des crédits nécessaires à l'exécution d'un programme de travaux qui ne pouvait être plus longtemps retardée, son avoir en numéraire, déduction faite du minimum réglementaire de 150.000 piastres auquel il n'est permis de toucher que dans des circonstances exceptionnelles, ne s'élevait plus qu'à 508.202 piastres et était, par conséquent, trop faible pour combler l'excédent des prévisions de dépenses sur les prévisions de recettes.

Comme cet écart se montait encore à 1.127.157 piastres, compte tenu de ces 508.202 piastres, il n'a été possible d'équilibrer le projet de budget soumis à vos délibérations qu'au moyen des mesures exposées ci-après :

Une première somme de 500.000 piastres a été prélevée sur les crédits de 1924, qui ne pourront être employés au cours de la période annuelle d'exécution budgétaire. Ces crédits ont été annulés et les fonds correspondants reversés à la Caisse de réserve, de façon à pouvoir en faire état au profit du budget de 1925.

D'autre part, la ventilation de certaines dépenses entre les budgets provinciaux et le budget local a permis d'alléger de 160.000 piastres les charges de ce dernier.

Enfin, M. le Gouverneur Général, mis au courant de l'état
de nos finances, a décidé de maintenir au chiffre de
556.000 piastres la subvention du budget général, tout en
reprenant à la charge de ce budget les dépenses afférentes
aux tribunaux de 1re instance dont les prévisions pour 1925
s'élevaient à 770.547 piastres. Ces mesures, dues à la bien-
veillance du Chef de la Colonie, ont seules permis d'ajuster
définitivement les comptes du budget de 1925.

Il ressort de cet exposé que la situation financière de la
Cochinchine, déjà embarrassée du fait que ses revenus
propres sont insuffisants, s'est aggravée par suite de l'état
de sa Caisse de réserve, dont l'avoir disponible en numéraire s'est trouvé presque complètement épuisé par les
prélèvements successifs opérés au profit des budgets des
exercices précédents. Cette caisse récupérera certes les
avances qu'elle a ainsi consenties ; mais cette reconstitu-
tion ne se fera que lentement, étant donné les besoins de
la Colonie.

Au surplus, l'état des finances de la Cochinchine ne peut
dépendre uniquement de la situation de sa Caisse de réserve
ou de subventions demandées chaque année au budget
général. Il importe donc que des mesures soient prises
sans plus de retard en vue de doter notre Colonie des
ressources qui lui sont nécessaires pour faire face à l'accroissement normal de ses charges et afin de rendre à son
budget toute l'élasticité désirable. La Commission de
réorganisation financière et fiscale, qui s'est réunie en 1922,
avait envisagé diverses solutions capables d'assurer l'équilibre des budgets locaux tout en leur donnant des moyens
d'action plus puissants. Il y a tout lieu d'espérer que cette
réforme, qui ne saurait être plus longtemps différée sans
de graves inconvénients, sera bientôt réalisée. Je tiens, en
effet, de M. le Gouverneur Général que des décisions importantes seront soumises au Conseil de Gouvernement
lors de sa prochaine session. La réorganisation envisagée
établira entre le budget général et les budgets locaux des
rapports normaux et réguliers, tout en asseyant ces derniers sur des bases solides. Ces budgets pourront désormais
développer leurs ressources, suivant leurs besoins, en

participant, dans une certaine mesure et suivant certaines modalités, à la progression des impôts indirects. Le projet qui vous est soumis aujourd'hui ne constitue donc qu'un budget d'attente, mais tel qu'il se présente, il permettra de faire face, en 1925, à toutes les charges de la Colonie, tout en assurant le développement normal de son outillage et de ses Services.

Il s'élève en recettes et en dépenses à la
somme de ... ... 13.310.000 $ 00
   et présente par rapport à celui de
1924 qui se montait à 13.598.690 00

Une diminution de ... 288.690 $ 00

Les ressources budgétaires se répartissent comme suit :

Recettes ordinaires ... ... 11.049.030 $ 00
Subventions, contributions, rembourse-
ments 1.252.768 00
   Prélèvement sur la Caisse de réserve... 1.008.202 00

Total. ... ... 13.310.000 $ 00

Les recettes ordinaires comprennent le produit des impôts directs et des taxes assimilées ainsi que la ristourne consentie par le budget général sur les droits à la sortie des riz, soit 265.000 piastres.

D'autre part, la subvention du budget général s'élève à 356.610 piastres, dont 34.221 piastres pour assurer le fonctionnement du bureau du budget général à Saigon et 100.000 piastres pour les dépenses de police. Le reste, soit 222.389 piastres a pour but de compenser la diminution de recettes résultant pour le budget local de la réduction du produit de la ristourne consentie à la Colonie sur les taxes à la sortie des riz et de leurs dérivés.

Comme le budget général a repris en outre à sa charge, ainsi que je vous l'ai exposé ci-dessus, les dépenses des Tribunaux de 1re instance, des sommes importantes pourront être consacrées, en 1925, au développement des œuvres d'intérêt économique et social.

C'est ainsi que le programme des travaux neufs à exécuter au cours du prochain exercice absorbe les crédits mentionnés ci-après, non compris les frais généraux:

TRAVAUX ORDINAIRES

Routes et ponts...	1.187.343 $	00
Bâtiments civils.	354.300	00
Assainissement...	35.000	00
Alimentation en eau de Saigon et Cholon (contribution)	100.000	00
Navigation intérieure..	9.650	00
Hydraulique agricole..	320.000	00
représentant un total de.	2.006.293 $	00

Les travaux envisagés affectent principalement en ce qui concerne les routes :

La route locale N° 1 de Bienhoà à Budop.	106.000 $	00;
— N° 3, section de Gia-ray à Vo-dat.	58.000	00;
— N° 4 de Baria à Phan-thiet par Xuyên-môc ...	23.000	00;
— N° 5 de Saigon à Gocong..	40.000	00;
— N° 8 de Saigon à Rachgia..	192.000	00;
— N° 9 de Saigon à Hatien ..	170.000	00;
— N° 11 de Hatien à Rachgia..	99.788	00;
— N° 12 de Saigon à Tayninh .	34.500	00;
— N° 13 de Soai-rieng à Toulane	117.000	00;
— N° 14 de Thudaumot à Ganh-da-ha	42.000	00;
La route de Kédol vers Kompong-cham par Mi-mot	30.000	00;
et, enfin, la construction d'un pont sur le Canal de Doublement	145.557	00.

Quant aux travaux à exécuter au titre des Bâtiments civils, ils intéressent plus particulièrement :

Le Service judiciaire... ... ... 62.000 § 00;
L'Enregistrement. 69.000 00;
Les Services agricoles.. ... ... 63.100 00;
Le Service de Santé... ... ... 55.650 00;
et le Service Vétérinaire ... ... 40.400 00.

Les crédits des travaux de dragages d'intérêt général à réaliser, en 1925, sur les fonds du budget local ont été fixés, comme en 1924, à la somme de 320.000 piastres.

TRAVAUX NEUFS EXTRAORDINAIRES

Ils se répartissent de la façon suivante :

Bâtiments civils... ... ...; ... 208.202 § 00
Hydraulique agricole... ... ... 100.000 00
Travaux d'urbanisme... ... ... 320.000 00

Total... ... 628.202 § 00

soit 451.798 piastres en moins qu'au budget de 1924, qui. comportait 535.000 piastres pour les travaux de routes et ponts, reportés, en 1925, aux dépenses ordinaires et 445.000 piastres pour les bâtiments civils. Le crédit de 100.000 piastres prévu pour l'achat de petites dragues, nécessaires à l'exécution de canaux à faible section, inscrit au budget de 1924, a été reporté au budget de 1925, les engins commandés ne devant être livrés qu'au début de l'année prochaine.

D'autre part, un crédit de 320.000 piastres, qui constitue une inscription nouvelle, est destiné à compléter le paiement des terrains militaires rachetés par la Colonie.

En plus de ces sommes, 60.000 piastres sont affectées aux travaux de bornage extraordinaires à poursuivre en vue de faciliter et d'accélérer le développement de la colonisation dans l'Ouest Cochinchinois; 30.000 piastres sont prévues pour participation à l'érection à Saigon d'un Monument aux Morts de la guerre. Les fonds recueillis au cours de la souscription publique organisée en 1919 et 1920 sont manifestement insuffisants pour permettre à la Colonie d'avoir un Monument digne d'elle et de ses héros. Trop de temps a déjà été perdu en délibérations. Il convient d'en finir au plus tôt. Le moyen le plus expédient en la circonstance est d'avoir recours à l'inscription d'un crédit budgétaire, car une nouvelle souscription nécessiterait encore de trop longs délais.

Reste, enfin, à signaler la réinscription du crédit de 150.000 piastres prévu pour l'organisation de la Foire-Exposition de Saigon, et un autre de 120.000 piastres destiné à venir en aide, sous forme de subvention, aux provinces qui, faute de ressources suffisantes, ne peuvent faire entièrement face à leurs dépenses de travaux, d'enseignement et d'assistance.

En résumé, une somme totale de 3.014.495 piastres sera consacrée, en 1925, à des dépenses nouvelles d'intérêt économique tant ordinaires (2.006.292 $ 00) qu'extraordinaires (1.008.202 $ 00) contre 2.249.600 piastres en 1924.

Le Gouvernement compte poursuivre également le développement des autres œuvres d'intérêt général et, en particulier, celui de l'Assistance médicale et de l'Instruction publique. L'ensemble des crédits qui leur sont affectés, soit 2.737.645 piastres dépasse de 152.190 piastres ceux qui étaient prévus au budget de 1924, et qui s'élevaient à 2.585.456 piastres.

En matière de riziculture et en dehors des travaux de dragages, l'Administration poussera activement les études relatives à la sélection des riz, en vue de leur standardisation, Elle consentira également les sacrifices nécessaires, le cas échéant, pour la protection du cheptel de la Colonie contre les épizooties.

En définitive, la répartition des crédits entre les différentes grandes divisions du budget s'établit comme suit :

Dettes exigibles...	250 $ 00
Dépenses d'administration générale.	3.910.372 00
Dépenses des Services financiers...	996.600 00
Dépenses d'intérêt économique ...	4.656.930 00
Dépenses d'intérêt social.	2.737.646 00
Soit au total. ...	13.310.000 $ 00

dont 7.210.258 piastres pour le personnel et 6.099.742 piastres pour le matériel.

En 1924, la proportion des dépenses de personnel et de matériel était la suivante :

> Dépenses de personnel   8.085.031 §00
> Dépenses de matériel   5.513.659 00

La comparaison de ces différents crédits fait ressortir, au budget de 1925, les différences ci-après :

> Personnel   en moins   874.773§ 00
> Matériel   en plus   586.083 00

D'autre part, l'exercice 1923 s'est clos de là façon suivante:

> Recettes   réalisées   12.525.028§ 42
> Dépenses effectuées   12.459.854 27

Soit un excédent de recettes sur les dépenses de 65.174§15 à verser au fonds de réserve de la Colonie.

Il convient de signaler ici que l'Administration locale a dû régulariser, sur l'exercice 1923, environ 400.000 piastres de dépenses de transports de personnel et de matériel des exercices 1918-1919 et suivants, tardivement signalés par la Métropole. Sans ces régularisations de dépenses anciennes, les résultats de l'exercice 1923 se seraient traduits par un excédent de 500.000 piastres environ.

L'exercice en cours s'exécute d'une façon normale. Le recouvrement des impôts s'effectue dans d'excellentes conditions malgré les inondations survenues à la fin de 1923, qui n'ont eu, fort heureusement, que des effets limités. La récolte de 1923 ayant pu être écoulée à des cours avantageux, les Chefs de province sont unanimes à constater l'empressement apporté par les contribuables à remplir leurs obligations fiscales. Le cours de la piastre étant favorable et la Colonie n'ayant pas à redouter, cette année, des régularisations tardives du genre de celles qui ont grevé l'exercice 1923, il est permis d'espérer que les comptes se solderont d'une façon avantageuse.

Vous trouverez dans la note préliminaire qui figure en tête du projet du budget de 1925, avec tous les renseignements utiles sur sa physionomie générale et sa forme, les résultats des exercices 1921, 1922 et 1923, ainsi que la situation au dernier juin 1924 de l'exercice en cours.

Situation économique.

Messieurs, je complèterai l'exposé que je viens de vous faire de la situation politique et financière de la Cochinchine par celui de sa situation économique.

Il est toujours instructif de jeter de temps à autre un regard en arrière pour mesurer le chemin parcouru. En ce qui concerne notre Colonie, les statistiques établies régulièrement chaque année, depuis un demi-siècle, nous permettent aujourd'hui des constatations particulièrement encourageantes. Elles démontrent clairement que les sacrifices demandés aux contribuables n'ont pas été consentis en vain et que le développement du pays, grâce aux efforts de tous, a été aussi rapide que régulier.

De 1883 à 1923, les surfaces cultivées se sont accrues en moyenne de 30.000 ha. par an. Elles s'élevaient, en effet, à :

```
  675.000 Ha.  en 1883
  990.000   —   en 1893
1.330.000   —   en 1903
1.600.000   —   en 1913
1.906.000   —   en 1923
```

En 40 ans, elles ont presque triplé. Il n'y a rien d'étonnant si, dans de pareilles conditions, les chiffres de la population ont progressé parallèlement dans les mêmes proportions. D'après les recensements effectués en 1901 et 1921, ils sont passés de 1.675.000 habitants en 1881 à 2.650.000 en 1901 et à 3.869.000 en 1921. L'accroissement constaté a donc été de 50.000 habitants en moyenne par an durant la première période et de 60.000 pendant la seconde. Il est probable que cette progression continue à s'accentuer encore à l'heure actuelle grâce aux progrès sans cesse croissants réalisés par l'Assistance médicale dans sa lutte contre les maladies et les épidémies.

De 1874 à 1923, l'exportation du riz, le principal produit de notre agriculture, s'est développée encore plus vite que les surfaces cultivées. Elle a été de 330.000 tonnes en moyenne pendant la période décennale de 1874 à 1883, de 506.000 tonnes de 1884 à 1893, de 707.000 tonnes de 1894 à 1903, de 877.000 tonnes de 1904 à 1913 et enfin de 1.202.600 tonnes de 1914 à 1923. La moyenne de l'augmentation annuelle durant ce demi-siècle a donc été de 22.000 tonnes. Mais cette progression a tendance à s'accentuer encore depuis 1914 par suite de l'intensification des dragages et des travaux de routes.

L'exportation moyenne du riz par tête d'habitant est passée de 0, T 280 pour la période 1894 à 1903, 0, T 290 pour celle de 1904 à 1913 et à 0, T 340 pour la période de 1914 à 1923. Il en est résulté un enrichissement certain du pays surtout si l'on tient compte de l'élévation des cours. 340 kg. de riz valent, en effet, à l'heure actuelle, 40 piastres à Cholon. Ce développement de l'exportation du riz est d'autant plus frappant qu'une proportion de plus en plus grande d'indigènes s'adonne à d'autres cultures : hévéas, cocotiers, canne à sucre, etc... ou à la pêche dont l'importance croissante se révèle par les quantités considérables de poissons secs, graisses, huile et saumures vendues chaque année à l'extérieur.

Nous avons donc tout lieu d'être pleinement satisfaits de pareils résultats et il convient de poursuivre avec persévérance l'œuvre entreprise et déjà en si bonne voie.

Au cours de vos deux dernières sessions, M. le Gouverneur Cognacq vous a longuement exposé le programme qu'il a conçu dans ce but, et dont il a commencé la réalisation avec votre concours et celui des services intéressés : il comprend le développement intensif de l'agriculture et de la sériciculture, le perfectionnement des procédés de culture, l'amélioration de nos riz par la sélection et la standardisation, le renforcement du crédit agricole, le développement de l'hygiène sociale, la lutte contre les épizooties, etc. Durant l'année qui vient de s'écouler, l'exécution de ce programme s'est poursuivie sans arrêt.

D'immenses étendues de terrains restent encore incultes
dans la région du Trans-Bassac et dans les provinces de
l'Est. Pour les ouvrir à la colonisation, l'Administration
locale se propose de continuer ou d'entreprendre les
travaux de dragages et de routes qui doivent permettre
leur pénétration et leur mise en valeur.

Les premiers travaux de dragages effectués en Cochinchine ont été entrepris en 1894 et depuis cette date ils se
sont poursuivis sans arrêt pendant 30 ans. Les programmes
successifs établis par le Gouvernement, d'accord avec les
différentes assemblées de la colonie, ont été réalisés régulièrement, malgré certaines difficultés d'exécution parfois.
Le dernier en date, établi pour une période de 5 ans, doit
s'achever à la fin de 1926. Tous les chefs-lieux de province,
sauf Hatien, et presque tous les centres seront alors reliés
à Cholon et à Saigon par de grands canaux permettant
le passage des jonques de 200 tonnes naviguant libre-
ment ou en convois remorqués par des chaloupes de
2 m. 50 de tirant d'eau. Ces canaux ont une puissance
de débit capable de faire face à tous les besoins. On
peut donc dire qu'en 1926 le réseau des grandes voies de
navigation, de pénétration et d'irrigation sera terminé.
Néanmoins, l'Administration locale a fait établir un
nouveau programme de dragages dont l'exécution s'étendra
sur huit années de 1927 à 1934. Les travaux qui y sont
prévus auront pour but de compléter l'aménagement et la
mise en valeur du delta cochinchinois. Ils intéressent trois
régions principales :

1. — Les terres en bordure du Golfe de Siam situées
entre le sông Ong-Dôc, le sông Trem, le sông Canh-
Dên et le sông Cai-Lon. Cette région comprend 240.000
hectares de terres riches et faciles à mettre en culture. Son
aménagement, qui a déjà été commencé durant ces
dernières années, sera complété par le creusement de
deux canaux principaux. L'un est en cours d'exécution,
celui du sông Trem au sông Canh-Dên. L'autre, celui du
sông Trem au sông Cai-Lon doit figurer au nouveau
programme.

2. — La seconde région qu'il importe d'ouvrir à la
colonisation comprend toutes les terres situées à l'intérieur
du grand quadrilatère Hatien-Chaudoc-Longxuyen-Rach-
gia où 250.000 hectares sont disponibles. D'après les études
en cours, il semble qu'on se trouve là en présence de
terres excellentes, faciles à défricher, dans la partie la
plus proche du Golfe de Siam. Par contre, il sera plus
malaisé de soustraire aux effets désastreux des grandes
inondations la région voisine du Bassac, dans une zone
de 20 à 25 kilomètres de profondeur, en bordure de ce
fleuve.

Le Service des Travaux Publics a prévu tout d'abord
le percement dans ce quadrilatère d'un canal parallèle à la
côte du Golfe de Siam et devant relier Rachgia à Hatiên.
Cette artère fluviale rendra de très grands services à la
navigation dans une région où la création de ports mariti-
mes est pour ainsi dire impossible, en raison de la faible
profondeur des eaux. Pour la pénétration des terres et leur
drainage, cinq canaux perpendiculaires au Golfe de Siam
seront creusés. Les excellents résultats obtenus avec les
canaux de Longxuyen à Rachgia et du Rach-soi au Bassac
commandent d'adopter cette direction. Un point restera
cependant à régler, c'est la façon dont ces canaux devront
être reliés au Bassac pour assurer la sortie des riz de
cette région, problème délicat, mais que les études en
cours permettront certainement de résoudre.

3. — Enfin, il convient d'achever l'aménagement de la
Plaine des Joncs où 400.000 hectares environ sont encore
disponibles. Ce sont des terrains plus ou moins alunés,
donc médiocres pour le moment, mais qui pourront très
certainement être sensiblement améliorés par d'abondants
lavages. Le nouveau programme de dragages prévoit la
liaison de la cuvette centrale de cette plaine avec les
fleuves à marnage : Mékong et Vaïco. Il conviendra, par
un système de barrages appropriés, d'y maintenir le niveau
des eaux le plus bas possible pendant la plus grande partie
de l'année. Il faudra aussi par un système de canaux
secondaires bien conçu assurer le drainage et le lavage
continuel de ces terres.

Parallèlement à ces travaux, l'Administration locale compte poursuivre l'achèvement des routes de colonisation qui permettront la pénétration et la mise en valeur des régions moïs de l'Est. Les principales de ces voies de communication terrestres sont :

1°   La route locale N° 1 de Bienhoà à Budop par An-binh et la Nui Bara ;

2°   La route locale N° 3 de Giaray à Toulane par Vodat et la vallée de la Lagna ;

3°   La route locale N° 13 de Soai-riêng à Toulane par Chon-thanh :

4°   La route locale N° 14 de Thudaumot à Ganh-da-ha ;

Enfin 5° la route locale N° 4 de Kédol à Kompong-cham par Mimot.

Des crédits dont le total se monte à 353.000 piastres sont inscrits pour ces travaux au projet de budget qui vous est soumis. En même temps seront poursuivies, au frais du budget général, les routes coloniales de Saigon à Kratié et de Saigon au Darlac par Budop.

La riziculture, dont les produits alimentent la plus grande partie de notre commerce d'exportation, a une telle importance en Cochinchine qu'elle a toujours été l'objet des préoccupations particulières de l'Administration. Les superficies consacrées à la culture du riz, lors de la campagne 1923-1924 ont été de 1.906.000 hectares et la production totale a atteint 2.084.000 tonnes.

Elle aurait été beaucoup plus élevée si nous n'avions eu à déplorer les inondations qui se sont produites à la fin de 1923 et dont les provinces de Chaudoc, Longxuyên, Rachgia et Sadec eurent particulièrement à souffrir.

Si nous nous reportons aux statistiques de 1868, nous voyons que cette année-là 215.000 hectares de rizières furent cultivées, donnant 133.000 tonnes environ pour l'exportation. En 1922, moins de 60 ans après notre arrivée dans ce pays, le paddy mûrissait sur 1.845.000 hectares et nous pouvions envoyer en France ou à l'Etranger 1.260.000 tonnes de riz. Ce magnifique développement d'une culture, dont la Cochinchine tire sa principale ressource, prouve surabondamment combien nos efforts de colonisation ont été persévérants et productifs.

Mais tout en travaillant à accroître sans cesse l'étendue des rizières, l'Administration a pensé qu'il était également de son devoir de s'appliquer à améliorer la qualité de nos paddys et de nos riz afin d'arriver par la sélection naturelle ou mécanique et par la standardisation à leur donner une plus-value marchande dont le pays bénéficiera.

C'est depuis 1913 seulement, date de la création de la Station rizicole de Cantho, que les efforts de l'Administration se sont portés sur ce point. Mais les premiers essais furent beaucoup trop timides et ne donnèrent que des résultats insignifiants. Ce n'est, en somme, que depuis deux ans que, sous la vigoureuse impulsion de M. le Gouverneur Cognacq, de réels progrès ont pu être réalisés. De nouvelles stations ont été créées à Soctrang, Cailay et Vinhlong. L'installation de deux autres à Baclieu et Camau sera prochainement achevée. Pour la campagne en cours, ces différentes stations rizicoles ont pu distribuer aux agriculteurs 113 tonnes de semences sélectionnées.

Mais avec la meilleure volonté du monde et quels que soient les efforts qu'elle puisse déployer, l'Administration ne saurait se charger de fournir des semences à tous les riziculteurs de Cochinchine. Aussi des concours de paddys ont-ils été institués en 1923 par M. le Gouverneur Cognacq dans le but d'habituer progressivement l'agriculteur indigène à n'employer que des semences de choix, en vue d'obtenir une production homogène et de qualité supérieure. Les concours qui ont eu lieu dans les différentes régions en février, mars et avril 1924 ont dénoté chez les propriétaires un souci plus vif de bonne présentation. On a pu noter aussi un meilleur groupement des variétés, ce qui prouve qu'un pas en avant a été réalisé dans la sélection et l'acclimatement de certaines d'entre elles. De l'ensemble des lots présentés se dégage la constatation d'une

amélioration déjà sensible dans l'homogénéité, la pureté et
le poids spécifique des grains. Les lots primés dans chaque
province ont été confiés à des agriculteurs paraissant avoir
saisi toute l'importance du but à atteindre et qui se sont
engagés à vendre la majeure partie de leur récolte à l'Administration pour lui permettre de généraliser la culture des
meilleures variétés.

La sélection physiologique ne pouvant donner que très
lentement des résultats réellement appréciables, le Gouvernement a pensé pouvoir gagner du temps en recourant
aussi aux procédés mécaniques de triage des semences.
Lors des derniers concours régionaux, un trieur Marot a
fonctionné dans chaque centre d'exposition devant un
nombreux public d'agriculteurs. Partout les résultats obtenus avec cet appareil ont été très remarqués et trente
trieurs de ce modèle ont été commandés en France. Ils
pourront être mis à la disposition des riziculteurs dès la
fin de cette année.

Dans le même ordre d'idées, deux usines de triage à
grand rendement sont en voie d'installation : l'une à Mytho
et l'autre à Cântho. Ces usines pourront recevoir des quantités importantes de paddy de même variété, qu'elles
trieront et qu'elles mettront ensuite à la disposition des
agriculteurs comme semences.

Grâce à ces différents procédés de sélection, l'Administration espère, en poursuivant avec persévérance le programme élaboré par M. le Gouverneur Cognacq, arriver
en quelques années à la standardisation de nos riz, ce qui
leur permettra de concurrencer avantageusement ceux de
l'étranger sur les marchés extérieurs. Mais les efforts
déployés par le Gouvernement seraient grandement facili-
tés si les usiniers et les exportateurs s'astreignaient à tenir
compte pour l'établissement des prix de la qualité et du
poids des grains qui leur sont offerts, au lieu de se contenter de grains « tout venant » dont le manque d'homogénéité
et l'aspect défectueux ont déconsidéré jusqu'à ce jour notre
production. Deux groupements se sont déjà engagés dans
cette voie. Il est à souhaiter que leur exemple soit bientôt

suivi. Ce n'est que grâce à la collaboration de tous les intéressés, agriculteurs, commerçants, industriels, que le programme de l'Administration pourra être pleinement réalisé. Il ne faut pas oublier, en effet, que les pratiques actuelles nuisent à tout le pays et lui font perdre, au profit de l'étranger, des sommes importantes dont il pourrait bénéficier.

Trois autres cultures ont également pris depuis quelques années une place importante en Cochinchine :

La culture de l'Hévéa s'est développée d'une façon remarquable depuis 1910, sous l'impulsion des colons français, qui n'ont pas tardé à être suivis dans cette voie par nombre d'indigènes. Malgré des difficultés de toutes sortes, insalubrité de certaines régions, défrichements longs et coûteux, manque de main-d'œuvre, désorganisation des exploitations par suite de la guerre, baisse sans précédent des cours de la gomme, les planteurs n'ont pas perdu courage et le succès a finalement couronné leurs efforts. Les exportations de caoutchouc s'accroissent d'année en année. Elles se sont élevées successivement à 3.618 tonnes en 1921 4.554 tonnes en 1922, 5.596 tonnes en 1923. Cette année, la Cochinchine exportera vraisemblablement plus de 6.000 tonnes de caoutchouc, c'est-à-dire la cinquième partie environ des quantités nécessaires pour satisfaire aux besoins de la Métropole. A l'heure actuelle, les 2/3 seulement des arbres plantés sont arrivés à la période de production, soit 5.650.000 arbres sur 8.399.000. La superficie totale complantée en hévéas est de 34.000 hectares assurant à cette culture la deuxième place parmi les cultures cochinchinoises.

L'Administration, qui avait soutenu financièrement les planteurs durant la période de crise, qui s'est prolongée de 1915 à 1923, a confié à une Commission, composée de fonctionnaires, de délégués des planteurs et de représentants de la Banque de l'Indochine, le soin d'étudier la liquidation des prêts consentis par la Colonie ou avec sa garantie. Les propositions qu'elle a formulées ont été homologuées par M. le Gouverneur Général. Les modalités

des remboursements qui se feront par échelons, la réduction
du taux des intérêts, les conditions dans lesquelles sera
fixé le montant des annuités d'amortissement sont de
nature à donner satisfaction à toutes les parties en cause.
Grâce à ces mesures, le règlement de cet important arriéré
ne constituera pas une charge trop lourde pour les planteurs et il y a tout lieu de s'en féliciter.

Par ailleurs, l'Administration vous propose de maintenir
pour l'année 1925, au même taux que pour 1924, la quotité
de l'impôt foncier des terres affectées à la culture des
hévéas, soit 1 $ 20 par hectare pour les parties complantées
et 0 $ 30 pour les autres. Cette mesure accélérera le
relèvement des exploitations qui ont eu à souffrir de la
crise et facilitera, en outre, l'extension de celles qui ont été
moins atteintes.

La culture de la canne à sucre semble, d'autre part, devoir
prendre en Cochinchine un développement presque aussi
important que celle de l'hévéa. En 10 ans, la superficie
des plantations de cannes a plus que doublé. Elles
couvrent actuellement plus de 6.000 hectares. C'est
surtout dans les provinces de l'Est et plus particulièrement le long du Vaïco oriental et de la Rivière de Saigon
que les progrès les plus rapides ont été constatés. Les
exploitations françaises comprennent actuellement 1/16
de la superficie totale plantée, 2 rhumeries, 1 petite
sucrerie donnant du sucre grisâtre en poudre et une
grande sucrerie moderne pouvant traiter 300 tonnes de
cannes par jour et fabriquant du sucre blanc cristallisé
de premier choix. De plus, 4 autres entreprises nouvelles
possédant un outillage moderne, deux rhumeries et deux
sucreries sont déjà installées et fonctionneront dès la
prochaine récolte. Celle-ci peut être évaluée d'ores et
déjà à 17.000 tonnes de sucre brun.

L'extension de la culture de la canne est d'ailleurs
amplement prouvée par la diminution sensible des importations de sucre, qui sont tombées de 8.000 tonnes en
1913 à 5.000 tonnes en 1923. Encore convient-il d'ajouter
qu'une partie de ce sucre est destinée au Cambodge.

La culture du cocotier est également en progression marquée. Elle couvre aujourd'hui 18.370 hectares dont 12.500 hectares dans les seules provinces de Mytho et de Bentré, qui alimentent presque à elles seules l'exportation du coprah. Celle-ci favorisée par des cours très rémunérateurs est passée de 5.635 tonnes en 1913 à 12.402 tonnes en 1923. A ces quantités, il faut ajouter le coprah traité sur place dans les huileries et savonneries modernes de Saigon et de Cholon.

Messieurs, pour assurer le développement rapide de notre Colonie, il ne suffirait pas d'ouvrir à la colonisation de nouvelles régions et d'encourager certaines cultures ; encore faut-il mettre à la disposition des agriculteurs, et principalement des agriculteurs indigènes, les ressources nécessaires pour la mise en valeur de leurs terres. C'est dans ce but que l'Administration a créé, il y a 12 ans, le crédit agricole indigène. Il est constitué par deux sortes d'organes : les syndicats agricoles et les caisses de crédit mutuel. Les premiers sont des institutions de propagande, les secondes constituent l'instrument même du crédit.

Les débuts du crédit agricole indigène en Cochinchine ont été modestes. Le premier syndicat et la première caisse ont été créés à Mytho en 1912 et, pendant plusieurs années, ils ont été les seuls organismes de ce genre existant dans notre Colonie. Cependant, peu à peu, sous l'impulsion des Administrateurs, d'autres circonscriptions ont suivi cet exemple et à l'heure actuelle, 11 provinces sur 20 disposent d'une institution de crédit agricole. De nouveaux efforts seront faits pour en accroître le nombre. Il est désirable, en effet, que toutes les provinces en soient pourvues, car elles rendront aux agriculteurs les plus grands services en leur permettant d'échapper à l'emprise des usuriers hindous, chinois et même indigènes. Le montant total des opérations de prêts en cours, nouvellement consentis ou renouvelés, s'élève actuellement pour l'ensemble de la Colonie à 2.808.289 piastres, en augmentation de 648.798 piastres, soit de 30 °/₀, sur le chiffre de l'année précédente. On peut apprécier par comparaison l'im-

portance des opérations de ce genre en Cochinchine en
rappelant que le chiffre total des prêts agricoles consentis
par les caisses métropolitaines au cours de l'année 1922
s'est élevé à 280.000.000 francs Or, le chiffre réalisé en
Cochinchine représente 28.000.000 francs, soit exactement
le 1/10 des opérations du même ordre faites dans la
Métropole, pour une population dont l'importance par
rapport à celle de la France est également voisine du 1/10.
Le total des prêts agricoles effectués en Cochinchine
est d'ores et déjà supérieur à celui des opérations du
même genre réalisées, dans l'ensemble des colonies
françaises, l'Algérie exceptée.

La gestion de ces établissements nécessite donc une attention particulière. Au cours de l'année 1923, ils ont été soumis à une inspection sur place très attentive par les soins
de l'Inspecteur des Affaires politiques et administratives.
Cette inspection a relevé çà et là certains défauts de fonctionnement et quelques abus. Elle a permis, néanmoins, de
constater que, dans l'ensemble, ces caisses avaient rendu
d'appréciables services à toute une catégorie de propriétaires fonciers et contribué à faciliter, dans une mesure assez
large, la diffusion du crédit parmi la population indigène.
Certes, on peut regretter que cette diffusion se fasse en quel-
que sorte en largeur, c'est-à-dire qu'elle n'atteigne encore
qu'un nombre trop restreint de bénéficiaires et que la
moyenne des prêts soit encore très élevée. Il y a là toute une
éducation à faire tant de l'élite que de la masse rurale. Elle
ne peut manquer de s'accomplir au fur et à mesure que
les indigènes se rendront mieux compte des bienfaits que
leur apporte cette forme nouvelle de crédit et du désir du
Gouvernement local de la voir s'étendre à tous les agriculteurs, grands et petits. Il est certain, en tout cas, que les
Caisses de crédit, partout où il en existe, ont fait baisser
plus ou moins sensiblement le taux moyen des prêts ruraux
entre indigènes. Il n'est pas rare, en effet, de trouver des
prêteurs indigènes qui ont dû ramener le taux de l'intérêt
imposé par eux à leurs emprunteurs à un chiffre voisin
de celui qui est pratiqué par les Caisses de crédit, soit 10
à 12 °/₀ par an.

Le remboursement des prêts, à l'échéance, s'est effectué jusqu'à ce jour avec ponctualité et diligence, à peu près partout. Consentis en principe pour un an, ils sont pratiquement remboursés en cinq annuités, par renouvellements annuels du billet de dette. Le montant des prêts en souffrance au 31 décembre 1923 s'élevait à 126.940 piastres, soit un peu moins de 5 %, de la masse des prêts. Dans la plupart des cas, il s'agissait de retards peu importants, dûs principalement à la négligence des débiteurs. Il est rarement nécessaire de recourir aux voies de contrainte pour obtenir les remboursements. Le nombre des poursuites exercées s'est, en effet, élevé à deux seulement pendant toute l'année 1923 et pas une seule fois encore la garantie accordée par la colonie n'a eu à jouer.

Certes, de grands progrès restent encore à réaliser principalement en ce qui concerne l'évolution des esprits indigènes en pareille matière. On peut cependant affirmer que, dans l'ensemble et à de très rares exceptions près, les dirigeants des Caisses de crédit ont fait preuve de bonne volonté et ont obtenu des résultats très encourageants.

Si l'Administration locale n'a rien négligé pour assurer en Cochinchine le plein essor de l'agriculture, elle s'est, par ailleurs, préoccupée, depuis plusieurs années, de parer aux inconvénients économiques qui peuvent résulter des mauvaises récoltes dans un pays, encore de monoculture dans son ensemble, et où la prospérité générale est fonction directe du rendement des rizières. Aussi a-t-elle pensé qu'il était de son devoir de faire revivre une industrie autrefois florissante et dont notre Colonie pourrait aujourd'hui encore tirer de très importants bénéfices. Cette industrie est celle de la sériciculture. Le sol et le climat de la Cochinchine conviennent parfaitement à la culture du mûrier. Il était donc naturel que l'on tentât de redonner à l'élevage du ver-à-soie, si répandu jadis dans les campagnes, son ancienne prospérité.

Après bien des tâtonnements, le Service de la sériciculture semble avoir enfin trouvé, sous l'inspiration de M. le Gouverneur Cognacq, l'organisation qui convient pour

atteindre le but envisagé. Cette organisation consiste dans
l'installation à Saigon d'un grainage central et dans la
création, dans l'intérieur, en un certain nombre de points
judicieusement choisis, de stations comportant des magnaneries de multiplication avec des mûraies adjacentes.

A la fin de cette année, 10 magnaneries-modèles seront
en plein fonctionnement à Saigon, Bencat, Thudaumot,
Cailay, Batri, Caukè, Chomoi, Tanchau, Vinhchau et au Cap-
Saint-Jacques. Grâce à la production de ces magnaneries,
dont un contrôle sévère permet d'obtenir des cocons de
tout premier choix, le service du grainage a pu mettre en
distribution, du 1er janvier au 31 août 1924, 112.898 pontes
rigoureusement sélectionnées, non seulement au micros-
cope, mais encore issues d'éducations reconnues nettement
supérieures tant par la vigueur des vers que par la beauté
des cocons. Le nombre total des pontes distribuées
gratuitement pendant les huit premiers mois de cette
année a été de 563.861 contre 496.137 en 1923 et 238.666 en
1914. Les résultats des mois de mai, juin et juillet 1924
donnent une idée très nette des progrès réalisés :

    Mai   1924... Pontes produites... ... 121.290
    Juin   1924   —   124.118
    Juillet 1924   —   158.050

Au fur et à mesure de la mise en marche des magnaneries énumérées ci-dessus, il a été possible de se montrer
plus sévère dans la sélection des graines. On a pu obtenir
ainsi 23 kg. de cocons en moyenne par 100 pontes au
lieu de 15 kg. résultat enregistré durant les années
antérieures ; on a même atteint jusqu'à 32 kg. par 100
pontes avec un grand nombre d'éducations.

En même temps que le rendement en cocons des éducations s'accroissait, la richesse soyeuse et le poids de ceux-ci
augmentaient sensiblement. Il fallait autrefois 1500 à 1.800
cocons pour faire un kilogramme. Ce nombre varie main-
tenant entre 1.000 et 1.200.

Le Service de la sériciculture a, d'autre part, distribué à
des colons français et indigènes 200.000 boutures de mûrier
en 1923. On peut donc prévoir une extension considérable
de l'élevage, principalement dans les provinces de Giadinh
et Thudaumot, au fur et à mesure que les jeunes mûraies
commenceront à produire. Les surfaces cultivées en
mûriers sont passées de 477 hectares en 1920 à 550 hectares
en 1924.

L'agriculture, dans une colonie comme la nôtre, où
l'outillage mécanique n'est encore utilisé qu'exceptionnel-
lement, a besoin de travailleurs et de bétail. Le capital
humain et le cheptel doivent donc y être protégés d'une
façon toute particulière contre les maux qui peuvent les
atteindre.

En dehors de la mission hautement philanthropique
qui lui incombe dans la lutte contre la maladie et la
souffrance, le Service de l'Assistance médicale a aussi
un rôle utilitaire à jouer. Car la grandeur et la prospérité d'un pays dépendent en grande partie du nombre
de bras dont il peut disposer pour la mise en valeur de son
territoire.

Le Service vétérinaire a, d'autre part, pour mission de
protéger notre bétail contre les grandes épizooties qui le
décimeraient rapidement si sa vigilance ne s'appliquait
d'une façon permanente à les combattre.

L'effectif du personnel médical européen et indigène ré-
pond aujourd'hui aux divers besoins du Service de l'Assistance. Le traitement des malades hospitalisés, les consul-
tations gratuites à domicile, le service des accouchements
dans les maternités, les tournées médicales périodiques,
la prophylaxie des maladies épidémiques et contagieuses
sont assurés d'une façon régulière et satisfaisante dans toute
l'étendue de la Colonie. Bien que le mouvement dans
les hôpitaux demeure considérable, la mortalité générale
est en diminution, tandis qu'au contraire la natalité se
maintient à un chiffre très élevé. De ce fait, la population a réalisé, en 1923, un gain de plus de 60.000 habitants.

Il est permis d'espérer dans l'avenir des résultats meilleurs
encore, grâce aux recherches qui sont faites pour combattre deux des maladies qui exercent le plus de
ravages parmi la population indigène: le paludisme et la
tuberculose. L'Administration locale a mis, en outre, à
l'étude la création d'un institut anticancéreux et d'un
préventorium.

En ce qui concerne notre cheptel, l'année 1923 n'a guère
été satisfaisante. C'est surtout contre la peste bovine que
nous avons eu à lutter. 112 foyers de contagion ont été
signalés en quelques mois. Aussi le nombre des déclara-
tions d'infection faites au cours de l'année dernière est-il
sans précédent dans les annales du Service vétérinaire.
Celui-ci a apporté le plus grand soin dans la recherche
des foyers de contagion et dans leur délimitation. Une
lutte énergique a été entreprise avec le concours des
planteurs contre l'invasion de cette redoutable maladie.

La sérothérapie antipestilentielle a porté sur un total
de 14.000 animaux. Elle a été surtout active dans les
provinces de Giadinh, Tayninh, Cholon, Thudaumôt et
Chaudoc. Les effets en ont été bienfaisants, mais on peut
affirmer aujourd'hui, d'après les expériences qui viennent
d'être faites, que la sérothérapie disparaitra peu à peu
des mesures médicales à employer contre la peste bovine,
tous les efforts devant tendre à lui substituer la séro-
infection qui est moins coûteuse et qui confère aux
animaux vaccinés une immunité plus durable.

A l'heure actuelle, si l'on s'en réfère aux dernières
statistiques fournies sur la situation sanitaire de notre
cheptel, on constate une amélioration marquée et une
forte régression de la peste bovine, due aux énergiques
mesures de prophylaxie appliquées depuis le début de
l'année.

Pour répondre aux vœux du Conseil colonial et de la
Chambre d'Agriculture, l'Administration a créé une section
bovine au haras de Tan-son-Nhut. Une mission, dirigée
par un vétérinaire des plus expérimentés, M. Schein,

a été envoyée dans l'Inde pour y acheter des taureaux ongoles hautement appréciés dans les pays de
grand élevage. Mais les autorités anglaises s'étant oppo-
sées à leur exportation, la Mission a porté son
choix sur des reproducteurs appartenant à la race du
Sind. 18 taureaux ont été répartis entre les éleveurs
cochinchinois, 5 taureaux et 2 génisses ont été conservés
dans la Section bovine du haras, pour la reproduction et
la conservation de la race pure, ainsi que pour les croise-
ments avec la race locale ou avec les troupeaux hindous
existant déjà à Saigon. Les résultats de cet élevage seront
contrôlés avec soin et consignés dans un Herd-book.

Je dois ajouter que l'Administration locale ne négligera
pas non plus l'étude de l'amélioration de la race porcine
et s'intéressera également au développement de l'élevage
de la volaille. Des dispositions sont prises pour introduire
en Cochinchine des reproducteurs et des espèces qui ser-
viront aux futures expériences que nous tenterons dans ce
but.

Messieurs, cet exposé de la situation économique de
notre Colonie serait incomplet si je ne vous donnais pas,
succinctement tout au moins, le bilan de notre mouvement
commercial.

Le montant total de nos exportations et de nos importations s'est accru régulièrement depuis 1920. Il s'est élevé
durant les 4 dernières années aux chiffres suivants :

Année	1920	1.324.495.196 fr. 00
—	1921	1.582.004.874 00
—	1922	1.393.843.462 00
—	1923	1.451.472.955 00

De l'examen du tableau ci-dessus, il résulte que la progression de 1920 à 1923 a été de 126.977.000 francs. Elle avait
été beaucoup plus forte de 1920 à 1921 (257.509.678 fr.00).
Mais cette augmentation passagère était due à la récolte
exceptionnelle de cette dernière année.

Si l'on considère séparément les importations et les
exportations, on constate les résultats suivants :

A. — IMPORTATIONS

Années	France et Colonies	Etranger	Totaux
1920	153.030.485fr.00	455.159.115fr.00	608.189.600fr.00
1921	161.198.207 00	399.041.766 00	560.239.973 00
1922	211.453.003 00	349.776.970 00	561.229.973 00
1923	317.623.797 00	361.688.020 00	679.311.817 00

Il y lieu de tirer de ces chiffres une double indication.

On remarque, en premier lieu, que notre commerce général d'importation a atteint et même dépassé, en 1923, le chiffre auquel il était parvenu en 1920.

On constate, en second lieu, l'importance sans cesse croissante, au cours des quatre dernières années, des importations françaises. Celles-ci, en effet, qui, en 1920, ne représentaient que le 1/6 environ du mouvement total des entrées, en représentent, en 1923, la moitié, après un progrès continu et marqué d'année en année.

Les importations étrangères, au contraire, ont baissé très sensiblement durant la période envisagée. Leur diminution est indubitablement la conséquence de la modification des tarifs de douane résultant de la promulgation en Indochine, en juillet 1922, des décrets des 28 mars et 29 juin 1920, portant relèvement des droits et coefficients antérieurs.

B. — EXPORTATIONS

Elles se sont élevées durant les 4 dernières années aux chiffres suivants :

Années	France et Colonies	Etranger	Totaux
1920	102.224.323fr.00	614.081.273fr.00	716.005.596fr.00
1921	142.934.579 00	878.840.322 00	1.641.572.448 00
1922	148.645.505 00	684.017.984 00	832.613.489 00
1923	167.689.728 00	604.471.410 00	772.161.138 00

Le tableau ci-dessus indique un certain fléchissement de
nos exportations affectant en totalité les expéditions à
destination des pays étrangers. On n'en saurait tirer
pourtant aucune conclusion sur l'allure générale de cette
partie de notre commerce ; car, en cette matière, les résultats généraux dépendent des résultats particuliers de la
branche prépondérante des riz et ceux-ci varient forcément
suivant que la récolte a été plus ou moins bonne. On peut
également noter avec satisfaction la marche ascendante de
nos exportations sur la France et sur les colonies.

En ce qui concerne plus spécialement le commerce des
riz, la Cochinchine a exporté, en 1923, 1.145.000 tonnes de
riz et dérivés, accusant une diminution de 127.000 tonnes
sur 1922. Ces résultats sont ceux d'une année moyenne.
L'année 1923 avait débuté par une exportation intensive ;
mais au début du second semestre, un ralentissement
sensible commença à se manifester et il s'est accentué de
mois en mois, les demandes de l'extérieur se faisant de
plus en plus rares. De leur côté, les propriétaires, espérant
une hausse des cours, ont ralenti leurs ventes, si bien que
la rareté des offres correspondît à la diminution des
demandes.

La récolte de 1923-1924 n'a donné que 2.084.000 tonnes
de paddy contre 2.220.400 tonnes l'année précédente. Cette
diminution sensible a été la conséquence des inondations
qui se sont produites à la fin de 1923 dans les provinces de
Chaudoc, Longxuyen, Sadec et Rachgia. Mais cette réduction dans le rendement a été compensée en partie par la
hausse des cours qui se sont maintenus à des taux inconnus
antérieurement. Les prix moyens ont varié entre 6 $ 20 et
6 $ 70 les 100 kilogrammes pour le paddy et entre 8 $ 10
et 10 $ 70 pour le riz.

Depuis le 1er janvier jusqu'au 31 août 1924, il a été
exporté de Cochinchine 859.199 tonnes de riz, brisures et
farines contre 870.761 tonnes durant la même période 1923.
Il est probable que le total des exportations de l'année en
cours ne dépassera pas 1.100.000 tonnes.

Conclusion.

Je m'excuse, Messieurs, d'avoir retenu aussi longtemps votre attention sur des questions dont vous connaissez toute l'importance. Il est bon qu'une colonie, comme un établissement commercial ou industriel, établisse chaque année son bilan pour marquer les progrès accomplis et pour fixer le programme de ses futurs efforts. Nous venons d'examiner sous ses différents aspects la situation de la Cochinchine. Elle ne me paraît comporter aucune inquiétude. Elle semble, au contraire, autoriser toutes les espérances. Le passé et le présent sont ici garants de l'avenir. De magnifiques résultats ont déjà été obtenus grâce au labeur de nos devanciers. Il est de notre devoir de poursuivre l'œuvre entreprise avec la même ténacité et la même foi dans la grandeur de notre rôle. Mais notre activité ne pourra être réellement féconde que si elle s'exerce dans la paix et dans l'union. C'est pourquoi, je vous convie, Messieurs les Conseillers coloniaux, vous qui êtes les représentants qualifiés des populations française et indigène, à joindre vos efforts à ceux du Gouvernement pour nous consacrer d'un même élan et d'un même cœur au développement de la Cochinchine. En agissant ainsi, nous assurerons non seulement l'avenir de notre belle Colonie, mais nous travaillerons aussi à accroître, dans la mesure de nos forces, la grandeur et la prospérité de la Mère-Patrie.

Messieurs, je déclare ouverte votre session ordinaire de 1924.

SAIGON
IMP. DU CENTRE